ISBN 978-3-7074-2408-9
3. Auflage 2026
Text: Lilo Neumayer
Illustration: Julia Gerigk
Druck und Bindung: Grafisches Centrum Cuno GmbH & Co. KG, Calbe

© 2021 G&G Verlagsgesellschaft mbH, Frankgasse 4, 1090 Wien
produktsicherheit@ggverlag.at

Alle Rechte vorbehalten. Jede Art der Vervielfältigung, auch die des auszugsweisen Nachdrucks, der fotomechanischen Wiedergabe, der Einspeicherung und Verarbeitung in elektronische Systeme sowie Text- und Data-Mining sind ohne ausdrückliche Zustimmung des Verlages gesetzlich verboten. Gedruckt auf Papier aus geprüfter nachhaltiger Forstwirtschaft.

www.ggverlag.at

Lilo Neumayer

Eselfrühling

Mimi und Mama Esel finden den Frühling

Bilder von Julia Gerigk

Auf dem Bauernhof der Familie Schneckberger wohnen viele Tiere. Und es gibt sogar eine kleine Eselprinzessin! Eselchen Mimi wohnt im Stall, zusammen mit den Hühnern, den Kühen, den Kaninchen und natürlich mit ihrer Mama.

Die Katze Struppi sollte eigentlich auch im Stall wohnen, um dort die Mäuse zu bewachen. Aber weil der Hund Stupsi im Haus wohnen darf, hat die Katze beschlossen, das ebenfalls zu tun. Am liebsten in den Betten der Kinder, Lilly und Flo. Sie schläft aber auch gerne in der Box von Mimi und Mama Esel.

Heute ist es nicht so richtig gemütlich im Stall. Draußen ist es grau und nieselregenkalt. Alle haben schlechte Laune. Stupsi hat sogar schlechte Laune UND einen Schnupfen. Immer, wenn er niest und sich schüttelt, erschrecken sich die Hühner und gackern wild durcheinander.
Mama Esel tröstet ihre Mimi. Der ist nämlich furchtbar langweilig. Niemand hat Lust, mit ihr hinauszugehen. Nicht einmal das Kälbchen.

Der Winter ist toll gewesen. Weiß hat der Schnee geglitzert, und es war für Stupsi und Mimi ein Riesenspaß, sich darin zu wälzen. Das hat vielleicht schneegestaubt! Außerdem konnte Stupsi den Schneebällen nachjagen, die ihm Flo und Lilly warfen, während Mimi und Mama übermütige Bock-, nein, übermütige Eselsprünge über die verschneite Koppel machten.

Doch dann begann sich der Winter zu verändern: Statt des schneeweißen Schnees gab es nur matschbraunen Matsch. Sich da drin zu wälzen machte keinen Spaß. Hund Stupsi hat es doch einmal versucht und musste von Lilly und Flo gebadet werden. Danach duftete er einen Tag lang irgendwie süß. Da ist Mimi die Lust aufs Matschwälzen ziemlich vergangen. Auf keinen Fall will man als Esel irgendwie süß duften! Nicht einmal als Eselprinzessin. Und das Theater, das Stupsi beim Baden gemacht hat! Das fand nur die Katze lustig.

Am nächsten Morgen ist irgendetwas anders. Mimi hebt den Kopf. Warum ist sie so früh wach geworden? Etwas hat sie an der Nase gekitzelt und geweckt. War es die Katze Struppi? War es ein Strohhalm? Hm, nein. Und Mama Esel war es auch nicht. Obwohl Mimi sonst immer mit einem Nasenkuss von Mama geweckt wird.
Da leuchtet etwas auf im morgengrauen Stalllicht. Es ist … ein Sonnenstrahl! Ganz warm kitzelt er Mimi noch einmal an der Nase, und sie muss niesen. So laut, dass eine der Hennen vor Schreck ein zweites Ei legt. So laut, dass auch die anderen Tiere im Stall munter werden. Katze Struppi öffnet mühsam ein Auge. Sie ist noch müde, schließlich hat sie die ganze Nacht die Mäuse im Stall bewacht.

Aufgeregt gackern die Hühner durcheinander. Die Kühe muhen, die Esel iahen.
So laut, dass Hund Stupsi in den Stall gelaufen kommt und zu bellen beginnt.

Im Bauernhaus springen alle Schneckbergers aus den Betten.
„Was ist denn los?", gähnt Flo.
„Alle plemplem geworden?", fragt Lilly.
„Vielleicht ein Marder bei den Hühnern?", ruft Mama.
„Oder ein Hühnerdieb?", überlegt Papa.
„Na, dem werd ich's zeigen!", knurrt Oma.
Nur Opa Schneckberger sagt nichts, weil er fürchterlich niesen muss.
Wegen eines Sonnenstrahls, der ihn an der Nase kitzelt.

Als die Familie Schneckberger in den Stall kommt, geht es dort drunter und drüber: Katze Struppi hetzt mit buschig gesträubtem Schweif und weit aufgerissenen Augen zwischen den Tieren hin und her. Eselprinzessin Mimi iaht fröhlich und trabt auf die Schneckbergers zu. Die Hühner bringen sich flatternd in Sicherheit.

Mama Esel aber lächelt still. Sie hält ihre weiche Schnauze in den Windhauch, der durch die offene Stalltür hereinbläst. Dann schnaubt sie zufrieden.

„So ein Zirkus!", brummt Flo und wünscht sich zurück in sein warmes Bett.
„Struppilein, komm her zu mir!", ruft Lilly.
„Zum Glück kein Marder!", seufzt Mama erleichtert.
„Oder ein anderer Hühnerdieb!", schnauft Papa.
„Dem hätte ich's aber gezeigt!", behauptet Oma.
Opa und Mama Esel zwinkern einander zu. Opa summt leise:
„Winter, ade!", und holt eine Karotte aus seiner Jacke.

Eine Karottenhälfte bekommt Mimi, die andere bekommt Mama Esel. Natürlich wollen jetzt auch die Hühner und die Kaninchen etwas haben, und die anderen Tiere ebenso. Oma und Mama Schneckberger gehen mit Katze Struppi ins Haus zurück. Opa, Papa, Lilly und Flo füttern die Tiere.

An diesem Morgen gibt es für den ganzen Bauernhof ein sehr frühes Frühstück. Bald duftet es nach Heu, Kaffee und frischen Brötchen.

Als alle zufrieden kauen, geht Mimi zur offenen Stalltür. Sie hält ihre Nase in den Wind. Und dann möchte sie nur noch hinaus. Hinaus auf die Koppel!

Jetzt kann sie nichts mehr halten! Mimi galoppiert aus dem Stall in den Sonnenschein. Mama Esel folgt ihr, und Hund Stupsi kommt sicherheitshalber auch mit. Damit nichts passiert.

Alles ist anders als gestern! Die Wiese ist viel grüner, die aufgehende Sonne strahlt an einem klaren, leuchtenden Himmel. Und dieser Duft, so frisch, nach saftigem Gras und nach kühler Erde. Mimi und Stupsi wälzen sich übermütig in der zartgrünen Wiese, sie laufen im Kreis und werfen sich wieder ins Gras. Herrlich ist das!

Mama Esel schnaubt übermütig. Mimi unterbricht ihr lustiges Spiel und springt auf. Mama Esel steht mitten auf der Koppel und schnuppert verzückt in der Wiese herum. Das macht Mimi neugierig. Ob das Gras dort ganz besonders gut schmeckt? Auch Stupsi unterbricht das Herumkugeln und beschließt, Mimi zu begleiten. Sicherheitshalber! Außerdem ist auch er neugierig auf den Geruch, den Mama Esel da entdeckt hat. Wer weiß, vielleicht hat sie ja eine dicke, fette Wurst gefunden?

Die Sonne steht hell am blauen Himmel. Ihre Strahlen sind kräftig und warm. „Das fühlt sich sooo gut an auf meinem Fell!", findet Mimi. Fröhlich stupst sie Mama Esel in den Po. „Was machst du da?"
Mama Esel stupst zurück. „Der Winter hat Platz gemacht für Neues, schau dich mal um!", sagt sie. Da bemerkt es auch Mimi: Sie stehen in einem Meer aus gelben und weißen Blümchen!
Mimi macht große Augen.
Stupsi wühlt mit seiner großen Schnauze neugierig und ein bisschen enttäuscht in den Blumen herum.
„Wofür hat der Winter Platz gemacht, Mama?", fragt Mimi ganz verzaubert.
Mama Esel schüttelt den Kopf und iaht fröhlich: „Für den Frühling, mein Kind! Den Frühling!" Und das Nächste, was Mimi an der Nase kitzelt, ist ein herzhafter Kuss von ihrer Mama.

Einige Wochen später ist alles grün. Viele Blumen und Bäume blühen, durch die weiche Luft schwirren bunte Schmetterlinge. Die Sonne strahlt, und Mimi ist die fröhlichste Eselprinzessin auf der ganzen Welt. Mit Stupsi, Struppi und dem Kälbchen tollt sie über die Wiese, die Hühner picken nach Würmern. Über der Stalltür, unter dem Dachvorsprung, haben zwei Vögel ein Nest gebaut. „Das sind die Schwalben", weiß Stupsi. „Bald werden sie ihre Jungen bekommen!" Vogelbabys! Das muss Mimi ihrer Mama erzählen. Aber wo ist sie? Mimi wirft den Kopf hoch und ruft nach Mama Esel.

„Hier bin ich", antwortet Mama Esel. „Schau mal, was ich gefunden habe!"
Neugierig trabt Mimi über die Wiese. Mama Esel zupft genussvoll kleine rote
Früchte ab, die sie zwischen Blättern und weißen Blüten gefunden hat.
Mimi läuft das Wasser im Mund zusammen. „Was hast du denn da?"
„Erdbeeren", erklärt Mama Esel mampfend.
Vorsichtig probiert Mimi so eine Erdbeere. Mmmmh! Sie schmeckt wunderbar!
„Bald bekommen wir Vogelbabys!", erzählt Mimi aufgeregt.
Mama Esel lächelt und streckt die Nase in den sanften Wind. „Ja, und auch der
Sommer wird bald da sein. Ich kann ihn schon riechen."